D1879112

श्रीप्रकाश शुक्ल

श्रीप्रकाश शुक्ल का जन्म 18 मई, 1965 को सोनभद्र, उत्तर प्रदेश के बरवाँ गाँव में हुआ। उन्होंने इलाहाबाद विश्वविद्यालय से एम.ए. (हिन्दी) की डिग्री ली। पी-एच.डी. भी वहीं से किया।

उनकी प्रकाशित कृतियाँ हैं—'अपनी तरह के लोग', 'जहाँ सब शहर नहीं होता', 'बोली बात', 'रेत में आकृतियाँ', 'ओरहन और अन्य कविताएँ', 'कवि ने कहा', 'क्षीरसागर में नींद', 'वाया नई सदी' (कविता संग्रह); 'साठोत्तरी हिन्दी कविता में लोक सौन्दर्य', 'नामवर की धरती', 'हजारीप्रसाद द्विवेदी : एक जागतिक आचार्य', 'महामारी और कविता' (आलोचना)। उनकी कविताओं के अनुवाद अंग्रेजी, पंजाबी और मराठी में हुए हैं। 'परिचय' नाम से एक साहित्यिक पत्रिका का सम्पादन।

उन्हें 'मलखानसिंह सिसोदिया पुरस्कार', उत्तर प्रदेश हिन्दी संस्थान के 'नरेश मेहता कविता पुरस्कार', 'विजयदेव नारायण साही कविता पुरस्कार' और 'शमशेर सम्मान' से सम्मानित किया जा चुका है।

सम्प्रति : प्रोफेसर, हिन्दी विभाग, बी.एच.यू. तथा समन्वयक, भोजपुरी अध्ययन केन्द्र, बी.एच.यू.।

ई-मेल : shriprakashshuklabhu@gmail.com

बोली बात

श्रीप्रकाश शुक्ल

राजकमल पेपरबैक्स

पहला पुस्तकालय संस्करण
राजकमल प्रकाशन प्राइवेट लिमिटेड द्वारा
2007 में प्रकाशित

राजकमल पेपरबैक्स में
पहला संस्करण : 2025

© श्रीप्रकाश शुक्ल

राजकमल पेपरबैक्स : उत्कृष्ट साहित्य के जनसुलभ संस्करण

राजकमल प्रकाशन प्रा.लि.
1-बी, नेताजी सुभाष मार्ग, दरियागंज
नई दिल्ली-110 002
द्वारा प्रकाशित

शाखाएँ : अशोक राजपथ, साइंस कॉलेज के सामने, पटना-800 006
पहली मंजिल, दरबारी बिल्डिंग, महात्मा गांधी मार्ग, प्रयागराज-211 001
1, अनमोल सोराबजी संतुक लेन, धोबी तलाव, मरीन लाइंस, मुम्बई-400 002

वेबसाइट : www.rajkamalprakashan.com
ई-मेल : info@rajkamalprakashan.com

विकास कंप्यूटर एंड प्रिंटर्स
ट्रॉनिका सिटी-201 102
द्वारा मुद्रित

मूल्य : ₹ 225

BOLI BAAT
(Poems) by Shriprakash Shukla

ISBN : 978-93-6086-468-2

माँ की स्मृति में

अपने सभी भाइयों—
गोविन्द प्रसाद शुक्ल
केशव प्रसाद शुक्ल
उमाकांत शुक्ल
एवं
ओमप्रकाश शुक्ल
की ओर से

जिनके साथ बड़ा हुआ
और खड़ा भी।

क्रम

हड़परौली

वहाँ जामुन का एक पेड़ था
बहुत बूढ़ा पेड़
पूर्णिमा की चाँदनी में सबसे हरा और भरा

जब जब पड़ता था सूखा
झुराने लगती थी बिरई
कुहुकने लगती थी चिरई
इतिहास साक्षी है
उस गाँव की सभी औरतें यहाँ इकट्ठा हो लेतीं
और बहुत चुपके से हल चलातीं

निर्वासित इन्द्रों को खुश करने का यही एक तरीका था
जिस पर किसी ने कोई सवाल नहीं किया
राजा नहुष ने भी नहीं

आर्यों की सबसे उन्नत अवस्था में भी
नहीं मिलता कोई लिखित प्रमाण
कभी किसी औरत के हल चलाने का

भारतीय संस्कृति की यह एक बड़ी घटना थी
जिसे बाजार की किसी बही में
कभी दर्ज ही नहीं किया गया
इतिहास ने तो समझा ही नहीं !

यूँ हमारी संस्कृति में पहली बार जुतीं औरतें

पहली बार पकड़ीं मुठिया
पहली बार उठाया हल और फावड़ा
और तो और पहली बार बहुत चुपके से निकलीं
मध्य रात्रि में !

यह किसी सूखे का सार्वजनिक समारोह था
जहाँ हल ने बहुत चुपके से प्रवेश किया उनके सपनों में
जिसमें आर्द्रा की चमक थी तो मघा के झँकोरे
सावन के हिंडोले थे तो भादों के किलोलें
कान की जरई थी तो हाथ की राखी

कुल मिलाकर वह सब था
जो जरूरी था अपने अपने इन्द्र को

कई वर्ष बाद इस वर्ष जब फिर पड़ा सूखा
उठने लगा चारों ओर हाहाकार
'इन्द्र इन्द्र पानी दे, प्यासे मर गए पानी दे'
तो इन्द्र को खुश करने के सारे विकल्प तलाशे गए

सबसे पहले फेंका गया शिवलिंग को पानी में
शिव ने डूबने से मना कर दिया

फिर गुहार लगायी गई तुलसी के राम की
राम कब के अयोध्या छोड़ चुके थे

फिर दिया गया चींटियों को पिसान
एक भी चींटी ने नहीं उठाया कोई कण
छिड़ा था गोधरा में गो कि जो रण ?

किया गया और भी बहुत कुछ
बच्चों को भेजा गया दरवाजे दरवाजे
चउरी माता को लगाया गया उबटन

और बड़ी धूमधाम से निकाली गई मेढ़कों की बारात

किया सभी ने बहुत बहुत टर्र
इन्द्र का फिर भी
किया नहीं गला खर्र !

ठीक ऐसी जगह पर
बहुत याद आईं औरतें
मूकता और कूकता की ये औरतें
सूखें में भी रक्त भर की गर्मी बचाने वाली औरतें

और उस सभ्य समाज में पुनः यह बात उठी
कि औरतों को हल उठा ही लेना चाहिए
उन्हें हड़परौली कर ही लेना चाहिए

लेकिन मुश्किल यही थी इस बार
कि औरतों ने हल उठाने से मना कर दिया।

खजुराहो

एक लम्बी थकान के भीतर बहुत उत्फुल्ल मन को सँभालता
पहुँचा जब वहाँ पर
शाम के सात बजे
या कि कुछ ऐसे ही आसपास
तो बिस्तर पर ढहते ही याद आईं इच्छाएँ
जिन्हें वर्षों से सँवारकर रखा था

न जाने कितनी उभरी मूर्तियाँ थीं मन में
न जाने कितने चित्र थे विवर में
तरसता रहा था अब तक
सपने में कभी-कभी तैरा करता था वह सौन्दर्य

यह स्वप्न वहाँ भी करता रहा परेशान
शरीर तो भहराया हुआ था
लेकिन आत्मा की चमक में सब कुछ चल रहा था ठीक ठाक
और अल्लसुबह हम निकल पड़े मन्दिरों की टोह में

यह किसी सगुण की तलाश थी !

हम एक-एक कर मन्दिरों को निहार रहे थे
यह जानते हुए भी कि अलका का प्रतिदर्श ही बिखरा है चारों ओर
वहाँ हमें केवल मनुष्यों की खोज थी
उन मनुष्यों की जो बड़ी बारीकी से टाँके गए थे दीवारों पर
अपनी समस्त मुद्राओं में जो चंदेल राजाओं की आँखों में थे
और उन्हीं मुद्राओं को देखते

हम चले जाते थे उस समय में
इस इच्छा से कि जिन हाथों ने इन्हें
राजाओं की आँख से उतारकर इन दीवारों पर टाँगा होगा
कैसा महसूस किया होगा
अपने एकांत में !

इस रूप में हम इन कारीगरों की आँखों में उतरना चाह रहे थे
हम देखना चाहते थे इनकी पुतलियों का रंग
उनके तैरने का ढंग
कि तभी एक छोटा सा बच्चा
दौड़ते हुए आया हमारे पास
लिए ढेर सारे कामसूत्र !

वह रटता रहा किताबों के नाम
अपने स्थूल नेत्रों से दिखाता रहा कुछ मुद्राएँ
फटाफट पन्नों को पलटकर
बीच-बीच में
आधे दाग पर ही देने को था उद्यत !

यह मोह के क्षण से मुक्ति की तलाश थी
राजा यशोवर्मन ने सुना था जिसे हेमवती के सपनों में
जिसे बहुत बारीक से उतारा था
अलका के छरहरे बदन से
मेघराज शिल्पी ने !

अब यह किसी प्रतिदर्श का निर्गुण था
या फिर कामसूत्र का सगुण रूप
कहना कठिन है
लेकिन पहचान ही लेता था इनके पारखियों को
जैसे पहचाना होगा उन खुरदुरे हाथों ने
चंदेलों की आँखों में उभरते चित्रों को !

मित्रता

यह मित्रताओं के टूटने का समय है।

जब तिरस्कार, घृणा, दरिंदगी व गलाज़त
एकदम से चुक चुकेंगी
तब कमरे में बिखरे अखबारों के बीच
गिरे किसी लिफाफे के वजूद की तरह
टूटेगी हमारी मित्रता !

जब सम्बन्धों की बहुत गरमी के बीच
चुपचाप प्रवेश करेगी कोई ठंडक
तब शिशिर में पीले होते पत्तों की तरह
आखिरी क्षण के अटके आँसुओं में
टूटेगी हमारी मित्रता

हमारे चुपचाप चले जाने के बीच
जब होगी किसी के बुलाने की आहट
और इस आहट में होगी
पहुँचने की जल्दबाजी
तब टूटेगी हमारी मित्रता

हमारी थकान हमारी ऊबन हमारी घुटन के तमाम कुढ़ते क्षणों में
हमारी निरीहता के ठीक बीचोबीच
जब उपस्थित होंगे कुछ सपने
(झिलमिलाते ही सही)
तब हमारी मित्रता के टूटने के दिन होंगे

ऐसी स्थिति में
उड़ान में छूट गए पक्षियों के कुछ पंखों की तरह
कब तक बचा पाएँगे हम
हमारी मित्रता।

कील

यह वर्षों पुरानी बात है
जब मैं बच्चा था
माँ से प्यार करते करते
उनकी नाक नोचने की कोशिश की थी
और नाक तो नहीं
उसकी एक कील ही हाथ लगी थी

इस कील को लेकर मैं दौड़ पड़ा था
और माँ हहराती नदी की तरह
दुनिया की सबसे सुन्दर चीज को बचाने के लिए दौड़ी थी
जो दुनिया की सबसे सुन्दर जगह पर ठुँकी थी

यह मेरी पहली विजय थी
लेकिन मेरे लिए यह समझना
बिहारी की कविता को समझने से कम आह्लादक नहीं था
कि क्या है ऐसा
इस ससुरी कील में
जिसे माँ इतना चाहती हैं !

पिता इसी कील पर रीझते थे
तमाम लोक कथाएँ इसी के इर्द-गिर्द बुनी गई थीं
भीष्म ने शिखण्डी में यही कील देखी थी
और तो और
इसी कील के होने मात्र से
अर्जुन ने वृहन्नला का रूप धारण किया था

यह वह कील है
जिसका होना
एक स्त्री का होना है

दुनिया के सारे सम्बन्ध
इसी कील के नाना रूप हैं

इसके बगैर एक स्त्री का होना
भिनसारे में निपटने जैसा है।

समय

यह स्वीकृतियों के अस्वीकार का समय है
किसी यात्रा में चले जा रहे यात्री के टिकट की भाँति
लुड़ियाने पुड़ियाने का समय है
वायदों-विश्वासों-अभिलाषाओं की कठोर गर्जनाओं के बीच
ठंडक में कुकुहाते व्यक्ति की तरह
यह स्मृतियों के चिंगुराने का समय है

यह बेबस पड़ गए वायदों का समय है
बहाव में डूब गए आदमी में संगीत खोजने का समय है
श्मशान के ठीक बीचोबीच पड़ी लाश में
किसी हिंसक वारदात के ढूँढ़ने का समय है

यह समय है
हिंसाओं की प्रतिहिंसा का
गति की अगति का
स्थिर के अस्थिर का

यह अपनी ही संकल्पनाओं के झुठलाने का समय है
यह सस्वर होती सभ्यता के नश्वर होने का समय है।

नेवला

नित्यप्रति की सांध्यकालीन घुमक्ड़ी में
एक शाम मेरी निगाह टिक गई एक नेवले पर

वह किसी बहुत बूढ़े के साथ बच्चे की तरह
सड़क पार करने की चाहत में
शीश उठाए
देखता रहा
सड़क की दोनों शिराओं को

आस-पास से भागती गाड़ियों की भाँय-भाँय करती आवाज से
बहुत बचकर
उसे जाना था उस पार

इस बीच गुजरे कई लोग वहाँ से
बहुतों ने देखा उस नेवले को
लेकिन किसी ने नहीं किया इंतजार
उसके पार होने का

यह शुभ मुहूर्त के आगमन का नहीं
उसके विदा होने का समय था
जिस पर नेवला को विश्वास करना कठिन हो रहा था

नेवला आज भी मुझे
दिखता है उसी जगह पर
सड़क पार करने की चाहत में।

मिर्चहिया बाबा

मिर्चहिया बाबा अपने कुछ चेलों के साथ
नगर के सबसे भीड़-भरे चौराहे पर
टेकऑफ करेंगे
यह आज के अखबार की सबसे चमकदार खबर थी

अखबार ने आज उनका एक बड़ा वक्तव्य छापा था
बड़ी मुस्कुराती सी एक तस्वीर छापी थी
जिसके नीचे बड़ा शानदार परिचय छपा था
जनता दोनों हाथ उठाकर उनसे आशीर्वाद माँग रही है

बाबा आज 9.00 बजे टेकऑफ करेंगे
यह खबर खूब प्रचारित की गई थी
लोग-बाग दूर-दराज से इस चमत्कार को देखने को एकत्र हुए थे
बीच-बीच में बाबा के नाम का जयघोष हो रहा था
कि तभी पता चला कि बाबा अब 12.00 बजे टेकऑफ करेंगे

जनता जैसा कि होता है
इस उड़ान को देखने को बेचैन थी
वह दिल से चाहती थी कि बाबा उड़ें
जैसे कि वह दिल से चाहती है
कि गणेश जी दूध पीयें

यह बाबा के चमत्कार का नहीं
जनता के आविष्कार का मामला था !

भीड़ बढ़ती जा रही थी
बाबा की हलचलें भी बढ़ रही थीं
कि तभी इन्द्र भगवान कुपित हुए

बाबा अब मुक्त हुए
मुक्त बाबा कहाँ गए
किसी को कुछ पता नहीं

अगले दिन पता चला कि बाबा
'गर्व से कहो कि हम हिन्दू हैं' विषय पर
एक व्याख्यान दे रहे थे !

बोली बात

(इस कविता को 11 सितम्बर, 01 तथा 12 अक्टूबर, 01 की वैश्विक घटनाओं की पृष्ठभूमि में पढ़ा जाए। इसमें आतंकवाद की छायाएँ व्याप्त हैं।)

कलकत्ता से मित्र का फोन आया
हालचाल सब ठीक ही है
यहाँ पर अजीब चिपचिपाहट है
सब ओर चिंचिआहट है
घर से दूर हम यहाँ बहुत बेचैन हैं
दुर्गापूजा पर कम ही थी भीड़भाड़
सरकार को उठाने थे कुछ जरूरी कदम
11 सितम्बर का फिलहाल छाया है गम।

आपका तो पूछना ही क्या
बहुत मजे में होंगे
गाँव का खुला आँगन होगा
कविता-कविता की सामग्री भी बहुत होगी
चारों ओर का मौसम खुशगवार होगा

अब धान गदराने को होगा
ईखों में मिठास उतर आया होगा
भैंसें लेवाड़ ले रही होंगी
आलू के खेत कोड़े जा रहे होंगे
कहीं बोझे निबारे जा रहे होंगे
तो कहीं अबेर तक दँवरी हो रही होगी

वहाँ पर शरद ऋतु का कहना ही क्या मित्र
कमल खिल रहे होंगे
अमरूद ढेसरा रहे होंगे
विजयादशमी का पर्व होगा चहुँ ओर
पत्नी करवाचौथ की तैयारी कर रही होंगी।

अब क्या बताएँ मित्र
कहने को तो मास क्वार-कार्तिक ही है
लेकिन युद्ध का वातावरण चारों ओर है
यहाँ तक कि दिन, दोपहर और रात
कभी भी गिर पड़ती हैं मिसाइलें हमारे घरों पर
चतुर्दिक व्याप्त है शोर
हर क्षण हमें रहना होता है तैयार
बीवी-बच्चों के साथ

पत्रों की तो बात ही मत पूछो
झाँकता था जहाँ कहीं बहुत अपने का खुशगवार चेहरा
देखते ही चिहुँक जाते हैं हम
डर लगता है पता नहीं कहाँ से भहरा पड़े डाकिया
गम अंगेज़ !

फसलों को अच्छा होना था इस बार
कि अचानक तापमान बढ़ा
भैंसों ने पुरइन फेंक दिया
दोस्तों ने मुँह मोड़ लिया
पड़ोसी जाने कहाँ बिला गए

नहीं दिखे खंजन पक्षी अबकी बार
बहुत ढूँढ़ा नीलकण्ठ को विजयादशमी पर
पता नहीं कहाँ लुका गया था वह

करता रहा इन्तजार भर दिन फुन्नन मियाँ का
नहीं दिखे अबकी बार

कहने को तो मौसम दिवाली का है
कोयल ने अभी तक बोलना बन्द नहीं किया
बहुत लखेदने के बाद भी
नहीं भगाया जा सका दरिद्दर अबकी बार !

अब क्या बताएँ कि क्यों नहीं शुरू कर सका यात्रा
कलकत्ता की
होनी थी जो वर्षा के बाद
क्यों नहीं भेज सका जवाब
पूछा था जो वर्षों पहले...

छोड़ो अब मत पूछो मीत
यह ही बोली यह ही बात
कहने को तो शरद पूर्णिमा
बहुत घनी अपनी यह रात !

नए घर में

जिस मकान में हम वर्षों से रह रहे थे
जब उसके छूटने की बारी आई
तब बिदा होती बेटी की तरह
हमारे भीतर कुछ टूट रहा था

यह वह मकान था
जो धीरे-धीरे घर में बदल रहा था
और इस आप्रवासी शहर में
यह ही हमारा कुल सरमाया था

इस मकान में हमने कई बार देखा है
कबूतरों को मँडराते
तितलियों को उड़ते
और मधुमक्खियों को घर सजाते

जाने कितनी बार हमने गाए हैं यहाँ होली के गीत
जाने कितनी बार लखेदा है दरिद्दर
और तो और
बगल के घर में उठते सोहरों के बीच
जाने कितनी बार देखी हैं हमने
छठ की औरतें

यह जानते हुए कि जहाँ हम रह रहे हैं
वहाँ खड़ी है एक ऐसी तारीख
जिसे लाँघना

अपने को उचक्कों की जमात में शामिल करना है
हम जुटाते रहे सामान
सजाते रहे खिलौने
और बनाते रहे घरौंदे
कुछ सपनों के साथ

इस घर में हम इन्हीं सपनों के साथ बड़े हुए हैं
जिसमें मिली थीं कुछ जिम्मेदारियाँ
और तमाम नादानियों के बीच
बाप बनने का गौरव

हम इस गौरव से इतना अभिभूत रहे
कि धीरे-धीरे मुक्त होते गए
अपने नाम से
और हमारे पीछे चल पड़ा हमारी बेटी का नाम

अब जब हम माने जाने लगे हैं थोड़े बड़े
पहचाने जाने लगे हैं
बेटी के नाम से
यह घर छूट रहा है

इस छूटते घर से हम
अपने सभी सामान के साथ जा तो रहे हैं
लेकिन कैसे ले जा सकेंगे
अपने बड़े होने का यह नाम
नए घर में !

पूँछ-पूँछ

प्यारे बच्चो आओ अब
खेलें हम सब पूँछ-पूँछ

जाने दो उस पवनपुत्र को
आग लगी जिसकी पूँछों में
जाने कितनी लम्बी वह थी
रावण के उस छूँछों में

बदला भेस राम ने अपने
सियाराम' अब हो गए सपने
गली-गली में हल्ला करते
दौड़े राम लहू हैं झरते

मुट्ठी उठी तनी हैं भौंहें
'जैश्रीराम' की खाते सौंहें
आग लगाई उस मन्दिर में
शबरी जिसमें बाट है जोहै

चली गई अब वह रामायण
चली गई उसकी वह महिमा
खाट पे रोवैं तुलसिदास अब
कैसे बचे पूँछ की गरिमा !

यह एक ऐसा पागलपन है
दाढ़ी बढ़ी गई है मूँछ
अब यदि बच्चो कुछ करना है
आओ खेलें पूँछ-पूँछ।

शिकायत

मुझे शिकायत है उन बहुत सारे लोगों से
सारा जीवन करते रहे शिकायत जो
कभी स्वयं से
कभी समाज से

मारे गए दंगों में जो लोग
भूख गरीबी गलाज़त की जिन्दगी जीते
असमय बूढ़े होते रहे जो लोग
शिकायत है उनसे भी

मिट्टी अपनी थी
हवा अपनी थी
आकाश अपना था

इतनी आसानी से नहीं मरा करते ये सब।

जो मर गए
उनसे यही शिकायत है कि मरे नहीं वे
जिन्हें जीना था
उठ-उठकर जीना था पूरा जीवन
चुपचाप स्वीकार कर लिया जैसा भी मिला

मेरे दोस्त !
तुम्हारी एक हनक बचा सकती थी बहुत कुछ को

काश तुम्हें हनकना आता
'सूरे' झनक की तरह !

मखरोरी

बरसात के होने न होने के बीच
बीतता गया आषाढ़ अपनी पूर्णिमा के साथ
और स्थिति यह है कि उमड़ते-घुमड़ते बादलों के बीच
सनसनाहट-भरे देह के स्पर्श में
सांध्यकाल की ललाई लिए
उड़ती हैं मखरोरियाँ

जहाँ कहीं से उठती हैं ये मखरोरियाँ
उतार ही लेती हैं कपड़े
पशुओं तक को कर देती हैं बेचैन
और बेना के खुरदुरे डंठल से
कोथती रहती हैं गाँव को
अपने भूलने के विरुद्ध

ये कभी भी भुलाई नहीं जा सकतीं बाजार की स्मृतिहीनता से
कभी नहीं कुचली जा सकतीं रथों के घर्घरनाद से
त्रिशूल, शंख और गदा के गर्जन से
कभी काटा नहीं जा सकता इन्हें

अपनी गहनतर सूक्ष्म आकृतियों में रहती हैं उन सभी जगह
जहाँ धनुष पर चढ़ी आँखें कभी टिक नहीं पातीं
जहाँ बादलों का कोई गर्जन डँट नहीं पाता

ये गाँव की मखरोरियाँ हैं
जी हाँ आजन्म मखरोरियाँ

अग्निपक्षी मखरोरियाँ

जब तक आती रहेंगी ये
आते रहेंगे बादल
आती रहेगी आषाढ़ की शाम
और सब कुछ के विरुद्ध
याद आते रहेंगे गाँव।

गोदना

नहीं दीखतीं अब गोदना वाली औरतें
नहीं रह गई उनकी दँवरी, तेल व सुइयाँ
नहीं बच रहे बरगद
गोदने को गाढ़ा करने हेतु

बाजार की बहुत खचर-पचर के बीच
नहीं बची रहीं अब वे
जैसे नहीं रह गईं नार काटने वाली दाइयाँ

बहुत चाहने के बाद भी
नहीं सुनाई पड़ते उनके गीत
नव विवाहित बहुओं वाले गीत
पति का स्वर्ग तक साथ देने वाले गीत

नट जाति का सबसे कोमलतम स्पर्श यह गोदना
अब नहीं बचा है कहीं पर

आखिर यह गोदना ही तो था
प्रलय के बाद भी बचा जो
पत्नी की चाहत में !

सगड़ी

यह सगड़ी है
अनब्याही लड़कियों की तरह
अनगढ़ उबाऊ पथ पर भी
भरती रहती अपनी चाल

यह नहीं झिझकती किसी को बुलाने में
किसी को बिठाने में
कई-कई लोगों को देती है पनाह एक साथ
गाँव के गाँव समा सकते हैं यहाँ पर

यदि कहीं गाँव अब बचा है
तो इसी सगड़ी में

यदि कहीं शहर की फाँक मिटती है
तो इसी सगड़ी में

इसके होने में बची है गठरी
खूँट की गाँठें
अगहन की धूप
और जेठ की लू भी

जब कभी गाँव जवार में कोई कराहता है आधी रात को
या कि चिल्हकती है कोई महिला
प्रसव वेदना से
यह सगड़ी ही है जिस पर भरोसा किया जा सकता है

यह बाहर से रिक्शा है
भीतर से ट्राली
बाहर से सभ्यता है
भीतर से संस्कृति

यह एक ऐसी सवारी है
जो बाजार की सारी अगर-मगर के बीच
फर्क नहीं करती
आदमी व इंसान में।

बूढ़ी माँ का हालचाल

बहुत दिनों की अफरातफरी के बीच जब
नहीं लिख सका कोई कविता
तो चला लेने बूढ़ी माँ का हालचाल

अब क्या बताऊँ कुछ कहा नहीं जाता
एक-एक कर माँ ने जने थे पाँच जन
जैसे सब बचे हैं
उनमें एक बचा मैं भी हूँ
जो चला लेने माँ का हालचाल

देखते बनता नहीं अब उनका शरीर
बहुत बिछाने के बाद चिपटी हुई रजाई की तरह
सूख गई है माँ
फूल गई हैं आँतें

घुटनों में दर्द, आँखों में अँधेरा और दिमाग पर धूल लिए
भूल गई हैं अब तक
सारी बातें

खोद-खोद कर निकालना चाहा कुछ बातें
कराना चाहता था अपनी उपस्थिति का अहसास
जानना चाहता था इस उम्र में
उनकी आखिरी इच्छा
और हर बार की कोशिश में
कहती यही कि उठाओ मेरा संदूक

दिखाओ मेरे कपड़े !

मैं बार-बार कहता रहा कि यह कपड़ा गिनने का नहीं
राम का नाम लेने का समय है
वे बार-बार कहती रहीं
यह राम के नाम का नहीं
उनका नाम लेने का समय है

आखिर राम ने तो बहुत दिए हैं धोखे जो !

उनके इस जबाब से मैं होता हूँ अवाक
और बहुत खिन्न मन लौटता हूँ वापस
पत्नी से कहता हूँ अब माँ को चला जाना चाहिए

लेकिन यह जानकर चकित होता हूँ
कि बच्चों की तमाम उछलकूद के बीच
पत्नी अभी से गिनने लगी है कपड़े।

गाज़ीपुर

यह एक ऐसा शहर है जहाँ लोग धीरे-धीरे आते हैं
धीरे-धीरे रहते हैं
और धीरे-धीरे रहने लगते हैं

यहाँ आने वाला हर व्यक्ति कुछ सहमा-सहमा रहता है
कुछ कुछ अलग-थलग रहता है
जैसे उमस-भरी गर्मी में दूसरे का स्पर्श
लेकिन धीरे-धीरे ससुराल गई महिला की तरह
जीना सीख लेता है

यहाँ रहने वाला हर व्यक्ति यहाँ रहने के लिए नहीं आया
उसके चारों ओर पड़ा रहता था हमेशा ही एक उदास घेरा
जिसमें उसने कभी पवहारी बाबा में विवेकानंद को खोजा
तो कभी कार्नवालिस के मक़बरे पर बैठते
सोचता रहा इतिहास के बारे में

वह जैसे-जैसे रहता गया
(या कि रहता गया होगा)
अच्छा लगता गया गंगौली और धामूपुर
अच्छे लगते रहे टैगोर
जो कभी गुलाबों के इस शहर में बीमारी अवस्था में आए थे

वह इन्हीं गुलाबी जगहों में टटोलता रहा कुछ सुन्दर सपने
जो उसके बहुत डरे मन के भीतर से आए थे
और जिसे सोचते उसने जाना

कि दुनिया की सारी सुन्दर जगहें
डरे हुए लोगों द्वारा ही बसाई गई हैं !

जीवन जैसा चल रहा था
इन्हीं डरी जगहों में रहना था उसे निडर
नथुनों में भरनी थी नई माटी की महक़
नई उम्मीदें और नए सपने

इन्हीं सपनों के बीच उसने जाना अचानक
कि उसका भी एक मकान है
उसके भी बच्चे हैं जिसमें चहलकदमी करते
और उसकी कुछ अतृप्त इच्छाएँ हैं
जिन्हें अब यहीं से पूरा होना है !

अपनी इन्हीं इच्छाओं में उसने गढ़ी एक संस्कृति
दिया एक शहर का नाम !

वह गाज़ीपुर हो
या फिर हाज़ीपुर।

बहुरूपिये

अब नहीं दीखते बहुरूपिये
जैसे नहीं दीखते भूत
हमारे बचपन के

वे चले गए दादी के किस्से की तरह
घर में आँगन की तरह
गाँव में परती जमीन और
हम में अपनों की तरह

जब वे होते थे
उनके पीछे होता था पूरा व्यक्ति
पूरा विकास
और पूरा का पूरा व्याकरण

उनके चलने में चलता था
किसी बहुत पुराने लोकगीत का टुकड़ा
कोई बहुत पुराना छूट गया बचपन
किसी बहुत अपने के बिछुड़ने की पहचान

जब वे उछलते थे
तो टपकता था रक्त उनके शरीर से
झाँकती थी कंकाल सदृश हड्डियाँ उनके भीतर
और डराने के सारे उपकरण के बावजूद
डरता कोई नहीं था उनसे

उनका होना सभ्यता को असभ्य बनाने से रोकने का अन्तिम प्रयास था
और इस प्रयास में शामिल थे
वे बहुत सारे रूप
जो जरूरी होते थे
एक बहुलतावादी राष्ट्र को

अब इस बात पर आश्चर्य नहीं होना चाहिए
कि क्यों नहीं दीखते आजकल उनके वे रूप
क्यों नहीं प्रतीक्षा रहती हमें उनकी
और क्यों उनकी एक उछाल...
धूल, ध्वजा और धनुष के अहसास मात्र से हम सिहर उठते हैं

दरअसल हमारी इस सभ्यता में
जहाँ सब कुछ सचमुच का होने लगा हो
कैसे बचाते वे अपना वजूद
सचमुच के न होने का !

रामरती

रामरती जब गौने गईं
तो सावन के झूले लेती गई
खोरी की गिट्टी
और पोखर की मिट्टी भी

साथ में गया उसका भाई
कुण्डे की शीतलता की तरह

उसके बक्से में गईं कुछ मिठाइयाँ
पाहुर के अलावा रखे गए थे कुछ कीमती सामान
तकिया-चादर के साथ गई थी चारपाई
टी.वी. फ्रीज की तो बात ही क्या
साथ में एक छोटा सा रेडियो भी गया

पुरानी किताबों के बीच कुछ सूखे फूल जैसा
गया था उसके साथ घर भी
कुछ पुरानी तस्वीरें भी गई थीं उसके बक्से में
नए कपड़ों के बीच
सलवटें जैसे

रामरती के साथ बहुत कुछ गया
यहाँ तक कि पिता की सदरी
और माँ का सलूका भी

बस नहीं गया तो एक चूल्हा

रह-रह कर वही परेशान करता था रामरती को

पहुँना माँगना भूल गए थे
शायद !

जम्हाई

क्यों आती है कहाँ से आती है
कोई नहीं जानता

लेकिन अकसर देखा गया है कि
जब हम किसी से बात कर रहे होते हैं
तब आती है

जब हम किसी को सुन रहे होते हैं
या कि कुछ काम कर रहे होते हैं
तब आती है

कभी-कभी तो यह हमारे सोचने और न सोचने के बीच आती है

किसी को याद करने
और न करने के बीच तो यह
सदियों से आती रही है

इसका कोई देश नहीं
कोई समाज नहीं
कोई इतिहास और भूगोल भी नहीं

यह सभ्यता की सबसे दुर्लभ चीज की तरह
तमाम खुरदुरी जगहों पर आती है।

अभी-अभी तो यह बगदाद में आई थी
तो अफगानिस्तान में भी

अयोध्या में आई थी
तो गुजरात में

लोगों का तो कहना है कि
मु. गजनी के हमले के समय सोमनाथ में आई थी
जिसे नादिरशाह के समय दिल्ली में भी देखा गया
कुछ का कहना है कि यह अपने प्यारे, बहुत प्यारे घनानन्द को भी आई थी
भहराने के पहले जब सुजान की तरफ देखा था अन्तिम बार
अपनी डबडबाती आँखों से

बात जो भी हो
सच हो या फिर झूठ
लेकिन कभी-कभी यह प्यार-वार के बीच भी आती है
और जब आती है
तब हमारे आलस्य और घुटन के बीच
दर्ज़ करती है अपना बयान

यह थके होने का बयान नहीं
चलते रहने का भरोसा हुआ करती है।

परती जमीन

यह एक परती जमीन है
जी हाँ, एक खाली जमीन
जिसे खरीदा गया था बड़ी शान से
घेरा गया था बड़े यत्न से

होना था यहाँ एक सुन्दर मकान
एक सुन्दर सा लॉन
साथ ही एक बड़ा सा स्थान
गाड़ी-वाड़ी के वास्ते

जब कभी कोई मेहमान आए
तो उसके लिए एक कमरा होना था
किसी सुनहले समय के लिए
एक तहखाना होना था
साथ ही एक बालकनी और एक छत भी

यह सब होना था
सपने में नहीं हकीकत में होना था
पर पता नहीं कब उग आया एक कनैल का पेड़
धतूरे का फूल
नीम की टहनी !

अब कैसे समझा जाय
कि परती जमीन में यह सब कैसे उग आया
होना था जहाँ रातरानी का पेड़

या कि मनीप्लांट
उग ही आया कैसे
भटकटइया का पेड़ ?

आम-खास

एक गाँव में एक महिला को निर्वस्त्र करके घुमाया गया
उसी के पास पाँच सौ लोगों को जिन्दा जला दिया गया
उसके थोड़ी ही दूर पर सात सौ लोगों को गोलियों से भून दिया गया

इसमें एक नवजात शिशु बच गया

यह अखबार की आम खबर थी।

हमारे गृहमंत्री ने सरदार भगत सिंह देखी
महामहिम आज शाम सात बजे भोज देंगे
और शहर के बुद्धिजीवी जो माननीय प्रधानमंत्री के लँगोटिया यार थे
किसी चूहे के द्वारा काट लिए गए

यह सम्पादक की खास खबर थी।

अब समझ सका कि आम और खास में
कोई खास अन्तर नहीं है
सिवाय एक चीख के !

खाली जगहें

उन जगहों को जानता हूँ
जो खाली हैं अब तक
जिन्हें अब तक जोता ही नहीं गया

यह जानते हुए कि कितना कुछ कम जानता हूँ
विश्वासपूर्वक कह सकता हूँ
कि जानता हूँ उन खाली जगहों को

जैसे जब अचानक ही कोई अखबार वाला आपका फोटो माँगे
और आप बेचैन हों
तो याद आते हैं वे बहुत पुराने फार्म
जिन्हें आप भेजना भूल गए थे

अचानक यात्रा करते-करते
हो जाए जब गाड़ी लेट
बहुत याद आते हैं भड़भूजे
अपने लाई-चना के साथ

हो बहुत कठिन वक्त
कोई न हो पास इतने
कि समझ सके ठीक-ठीक
याद आती हैं बहुत पुरानी चिट्ठियाँ

पढ़ते-पढ़ते अचानक जब कौंध जाय शब्द
कागज का एक टुकड़ा ही होगा पर्याप्त
या कि हथेली से ही मिलेगा सुकून
जिस पर अब तक कुछ लिखा ही नहीं गया !

महतरिया माई

(ग़ाज़ीपुर के शेरपुर गाँव में प्रचलित एक कहावत के आधार पर)

वहाँ महतरिया माई का विलाप था

जब वह बिलखतीं थी
पूरा गाँव रोता था
आदमी का एक हिस्सा रोता था

जब कहीं बकरा कटता
किसी कमरे में गोश्त पकता
वह रोती थी

जब किसी के घर में कोई बहू आती
जब कोई विदा हो रहा होता
या कि जब किसी की चौरी पूजी जा रही होती
वह हिचकती रहती

वह बहुत हिचकती थी
जब कहीं आग जल रही होती
कहीं कोई धुआँ उठ रहा होता

इस प्रकार वह देवराला में हिचकती और तमोली में
कपिलवस्तु और लहरतारा में
गुजरात और दिल्ली में भी

वह क्यों हिचकती

यह कोई नहीं जानता
जो जानता भी
वह केवल इतना जानता
शकुंतला या नागमती भी
कभी हिचकी थीं ऐसे ही

ठीक रात बारह बजे या कि भरी दोपहर में
जब सारे लोग सो जाते
वह निकल पड़ती गाँव के सीवान की ओर
और टेरती थी राग
'काहे कइल हो बाबूजी दुरंग नीतिया...'

यह राग महतरिया माई था
जिसे कहीं भी दर्ज नहीं किया गया था

एक दिन चुपके से वह भाग गई मायके
बहुत मनाने के बाद भी नहीं आई
और जब आई
वह पूरा गौंहेर थी

महतरिया माई अब पूरा गौंहेर थी
जिस पर न रोने का असर था
न हँसने का

अब जब कभी गाँव में कोई बहू आती
कोई लड़की रोती
लोग सब भूलते हैं
महतरिया माई को पत्तल परोसना नहीं भूलते !

झाड़ू और आदमी

बड़ी गन्दगी थी वहाँ पर
चारों ओर का प्लेटफॉर्म कचरे से भरा था
कुछ लगातार खाए जा रहे थे केले
छिलके थे कि थमने का नाम ही नहीं ले रहे थे
भीड़ थी कि बस पूछिए ही मत !

वहीं पास में रखा था एक कूड़ेदान
एक पीकदान
भीतर से खाली
और बाहर से भरा हुआ !

उसी के पास सो रहा था एक आदमी
अपने तन से झाडू को चिपकाए
आती थी जब कभी किसी सीटी की आवाज़
वह मुँह से चादर हटाकर
पवन एक्सप्रेस के बारे में पूछ लेता

इस प्रकार वह जाने कितने समय से लेटा रहा वहाँ
जाने कितनी ट्रेनें गुजरी होंगी वहाँ से
पैसेंजर की तो बात ही मत पूछें
माल के आने से तो मुँह ही बना लेता

उसे तो इन्तजार था बस
बम्बई से आने वाली पवन एक्सप्रेस का
जिसमें कचड़े की अनंत संभावना थी !

दरिद्दर

वर्ष-भर गाँव में जब नहीं बरसा पानी
तो जनता के भीतर यह आवाज उठी
कि इसके कारणों की पड़ताल होनी चाहिए

किसी ने कहा कि नहीं हुआ हरिकीर्तन इस वर्ष
नहीं हुई रेंड़ की पुजाई
सम्मत जलाने बखत
और तो और फटकी नहीं गई बेहन
घर भरे रहने के आछत

नहीं दिया गया भरपेट भोजन
महापातर को उस समय
जब गाँव में मरे थे दो जने
प्यार-वार के चक्कर में

कुछ का कहना था कि जिन्दगी की सारी जगर-मगर के बीच
नहीं धुलाई गई ठाकुर जी की बटिया
अनंत चतुर्दशी के दिन

कुछ इस बात पर अड़े थे कि
नहीं खाया गया आँवला के नीचे
अक्षय नवमी के दिन
सूर्य भगवान जब तुला राशि में विचरण कर रहे थे !

इस विषय पर विचार किया ही जा रहा था

बहसी-बहसा हो ही रही थी
कि तभी किसी ने कहा
नहीं लखेदा गया दरिद्दर
कार्तिक अमावस्या को इस बार
रह-रह कर परेशान करता है वही

अब जब कभी कार्तिक अमावस्या आती है
लोग कुछ नहीं करते
केवल दरिद्दर लखेदते हैं।

तीज की औरतें

दिन-भर की भूख-प्यास के बाद
जब उमड़ती हैं औरतें तीज की
तो इनके बीच होड़ लगती है
शिवपूजन की

इस होड़ में होती है पति की चाहत
उसकी मंगलकामनाएँ
और वे स्वयं होती हैं मंगलकामनाएँ
उनकी चाहत में

पति की याद में यहाँ होते हैं अगड़म-बगड़म संकल्प
दुनिया को अपने अनुरूप ढालने के
न जाने कितने सजते हैं थाल
आत्मा में उतरता है जहाँ
जिंदगी का जंजाल !

किसी संस्कृति ने नहीं दी छूट इनको
समता के तमाम वादों के बावजूद
टिमटिमाता रहता है इनका वजूद
दीपक की लौ में

शिव को पाने की कामना से
शुरू हुई कभी यह यात्रा
पार्वती की तपस्या से
जिसमें न जाने कितनी पार्वतियों ने किया है आत्मदान

लेकिन ताज्जुब है कि शिव जरा भी नहीं हिले

अच्छी तो हमें भी लगती है दीपक-भरा थाल
सुन्दर-सुन्दर गाँठ-भरी चाल
उठता है लेकिन यही एक सवाल
क्यों नहीं किसी सभ्यता ने किया ऐसा विधान
कि थोड़ा शिव भी तो उठ लेते अपनी जगह से !

मनिहार

औरतों की बहुत भीड़ के बीच
वह चुनता है चूड़ियाँ
माली चुनता है मालाएँ जैसे
ठीक अवसर के लिए

उसे पता नहीं होता अपनी महबूबा के बारे में
अपनी औलाद के स्कूल तक को वह नहीं जानता
अब्बा की खाँसी महज़ खाँसी नहीं है
वह तो यह भी नहीं जानता

हिन्दू कहाँ से आए
मुसलमान की धरती कहाँ है
मनु कौन थे
बाबर कौन था ?
वह नहीं जानता

वह तो यह भी नहीं जानता
वेद क्या है
कुरान क्या है
काशी कहाँ है
मक्का कहाँ है ?

जब कभी कोई पूछता उसकी जाति
वह गड़बड़ा जाता
अली-वली-बली कर सकते हैं उसकी मदद

वह तो यह भी नहीं जानता

लेकिन वह जानता है
कलाई के रंगों के बारे में
वर्ष-भर के त्यौहारों के बारे में
चूड़ियों के बारे में

उसकी इन्हीं चूड़ियों पर न जाने कितनी बार जलाए गए हैं चूल्हे
जाने कितनी बार लगाई गई है मेहँदी
और बालम को रिझाने के लिए न जाने कितनी बार
खनखनाया गया है कजरी का गीत

विस्मिल्ला खाँ की शहनाई के तार
सोमा घोष के गीत भी
जुड़ते हैं इसी मनिहार से
जिसमें होती हैं दुआएँ
गुज़रे जमाने की पहचान
और बहुत बारीकी से टाँके गए
अमीर खुसरो के गीत !

जब वह नहीं होता
बुझती है साँझ
एक औरत के भीतर
उठती है हूक

यह मनिहार की हूक है
जो कभी अयोध्या से
तो कभी अहमदाबाद से उठ रही है

धड़क

मिट्टी गिरी
गिट्टी गिरी
अलकतरा गिरा
चितकबरी हुई सड़क।

रोलर आया
सब दबाया
चिकनी सारी सड़क हुई

बची रह गई जूते में जो
गिट्टी एक तो
धड़क हुई !

लासा

जिन्दगी की तमाम आपाधापी के बीच
मुक्ति के बहुत सारे उपकरणों के सहारे
लिखने बैठा पत्र
मित्र को
लग गया लासा

चिपचिपाती रहीं उँगलियाँ
मित्र की कुशल-क्षेम के बीच
भागता रहा इधर-उधर
सारे दिन !

'A'

(बेटी दर्शिता के लिए)

तुम्हें रटाते-रटाते थक गई जिह्वा
नोक को छीलते-छीलते
घिस गई पेंसिल
और तुम्हारे तक उतरने की हर कोशिश
हो गई नाकाम

कब से हलकान हूँ
तुम्हें नहीं सिखा सका
'A'

ये तुम्हारे प्रवेश के दिन हैं
मैं अपने ही प्रवेश से परेशान हूँ
बार-बार लौटता हूँ अपने प्रवेश के दिनों में
जैसे बादल लौटते हैं अपने समुद्र में
और जितना ही लौटता हूँ
उतना ही परेशान होता हूँ
इन दिनों से

यह जुलाई का महीना है
नदियों में बाढ़ उतर आई है
वृक्षों में हवा झूमने लगी है
धरती में दूबों की थिरकन है
लेकिन मैं, न जाने क्यों मैं
सब कुछ भूलता जा रहा हूँ

भूलता जा रहा हूँ
तुम्हारे खिलौने
तुम्हारा पीछे-पीछे चलना
तुम्हारा वह अक्कड़-बक्कड़
छुपन-छुपाई
और तो और हमारी टेलीफोन वार्ता के बीच
कभी-कभी कुछ कर देना
और फिर उसके भार से ठुनकना

तुम्हारा वह ठुनकना कभी-कभी भारी लगता था
तुम्हारी माँ के साथ लड़ाई का कारण भी बनता था
लेकिन उसके भीतर ही फूटता था धरती का अदृश्य प्रेम
जिसको सहेजती हुई तुम मेरी गोदी में ढह जाती थी।

यह वही गोदी है जिसमें तोड़े गए हैं अनगिनत सितारे
उछाले गए हैं न जाने कितने पहाड़
ढारे गए हैं न जाने कितने बचपन
वर्णमाला की इस ढलान पर उतरते-उतरते
जो पड़ते गए हैं पुराने

इन्हीं पुराने सपनों के बीच सिखाना है 'A'
वर्णमाला का पहला अक्षर
और हमारा भरोसा यहीं पर टूट रहा है।

नाक

जो मूर्धन्य हैं
वे धन्य हैं
जो जघन्य हैं
वे धन्य नहीं हैं

वे अधन्य हैं

मूर्धन्य लोगों में कभी नहीं लगती जंग
वे सुसज्जित हैं इसीलिए सुवासित भी
वे आदरणीय हैं इसीलिए सुरक्षित भी

मूर्धन्य लोगों की एक पाँत है
जहाँ जूतों की आवाजाही नहीं है
जहाँ जूठन के रूप में कुछ भी नहीं गिरता
जहाँ जुबान एक तराशी हुई तलवार है
और कलम एक उठँघी हुई तराजू

जो जघन्य हैं
उनमें एक अजीब सी गन्ध है

यह इंसान की गन्ध से मिलती है

मूर्धन्य व जघन्य के बीच यही गन्ध है
जहाँ मेरी नाक टिकी हुई है।

पका आम

हवा नहीं है
सिर्फ आग है
अपने गोलों से अलग होती हुई

पत्तों के बीच चिंगारी है
टहनियों में नीरवता है
ग्रीष्म है कि सरसराता है
पत्तों व टहनियों के बीच

पीठ पर कुछ बूँदें हैं
जीवन का आभास देतीं
मौसम नंगा है
आदमी लजाता है

कहीं नहीं जाया जा सकता
चारों ओर तिलमिलाहट है

बस एक पका आम
अपने भीतर की आँच में तपता हुआ
हमारी ठेंपी को बचाए हुए है।

अपना गाँव

बसन्त के आने और चुपचाप गुजरने के बीच
सूखी पंखुड़ियों के बीच फँसी चिंगारी की तरह
पड़ा रहता है अपना गाँव

इसकी खिलखिलाहट के पीछे बन्द दरवाजों की चीखें हैं
इसके हरेपन के पीछे उठाए गए सूखे खलिहान हैं
इसकी सड़कों के पीछे धूलकणों की बौखलाहट है

बहुत बेवश है अपना गाँव
कटिया में फँसी मछली की तरह
बिजली की रोशनी में उलझे फतिंगों की तरह
ध्वनियों के बीच फँसी भाषा की तरह

कितने पहाड़ हैं इसके नीचे
कितनी बहती गंगाएँ हैं इसके तल में
कितनी चीखें हैं इसकी शिराओं में
यह और यह
सिर्फ अपना गाँव जानता है

इसके होने में हवा और हवा के बीच की महक है
पानी व पानी के बीच की तरंगें हैं
मिट्टी व मिट्टी के बीच का हरापन है

इसमें बहुत कुछ ऐसा है
जिसमें है जो भी है

मसलन यहाँ हया है और दया भी
चोरी है ईमानदारी भी
दोस्त हैं दुश्मन भी
पानी है हवा भी

लेकिन आज उमस-भरे इस मौसम में
बादलों की आवाजाही के बीच
पगुरी करता
अपनी ही पीठ के भार से द्रवित अपना यह गाँव
शहर के ठीक सामने
लयनहा बरधा की तरह
ताकता रहता है।

एक तमतमाती दोपहर

एक तमतमाती दोपहर को
कूलर की हवा में लगभग लहराते हुए
मैंने अपने आप से पूछा
कविता क्या सम्भव है ?

इतनी टनटनाती धूप में
मछलियाँ क्या जीवित रह सकती हैं
हवाएँ क्या अपनी नमी बचा सकती है
धरती बिना कुछ खोए
क्या घूम सकती है

क्या यह सम्भव है कि ज्येष्ठ की ऊपर उठती दुपहरी में
किसी चौराहे को भरा हुआ देखा जा सकता है
किसी कुएँ में उसकी ठंडक को झाँका जा सकता है

यह सब सवाल मन में ही आ ही रहे थे
कि तभी एक गरम हवा का झोंका खिड़की से आया
और मेरा माथा
मेज पर रखे गौतम बुद्ध की मूर्ति से टकरा गया

इस समग मुझे लगा कि कविता हर जगह सम्भव है
बशर्ते हम इस झनझनाहट को ठीक से महसूस करें।

प्रभु से प्रार्थना

एक

तुम्हारी विरासत में जिन्दगी बहुत उदास लगती है प्रभु !
गीत बहुत खटर-पटर करते हैं
हवा बहुत सरसराती है

मुक्ति के द्वार पर आया हुआ पक्षी
प्रभु ! बहुत बेचैन होता है
फटफटाता है
और अपने पंखों में अपनी मृत्यु को समेटे
उसी ओर चला जाता है
लगभग तुम्हारी विरासत की ओर

यह पृथ्वी का गहनतम रहस्य ही है प्रभु !
जमीन अपनी अपनी नहीं लगती
जहाँ तुम थमकर बैठ लेते हो
वहाँ की मिट्टी कुछ-कुछ स्याह हो जाती है

प्रभु ! तुम्हारी दहलीज तक आते-आते
'मन्दिर' कहानी की बुढ़िया
आज भी बहुत उदास लगती है
जियावन आज भी बहुत फटफटाता है

प्रभु ! हमें पता है कि हमारे लोकतन्त्र में
तुम कर भी कुछ नहीं सकते

सब को छूट है अपनी हवाओं में होने का
अपने आकाश में तैरने का
और जहाँ चाहे हाथ धोने का

पर फिर भी
फिर भी प्रभु !
तुम एक बार प्रकट हो लेते
कब्रिस्तान में ही सही

सम्भव है कि गर्मियों और पसीनों के बीच
कोई रिश्ता ठीक से बन पाता
बसन्त में फूट पड़ता कोई गीत
तुम्हें सचमुच का छूता हुआ।

दो

हजार वर्षों के तुम्हारे इतिहास में प्रभु !
हमारे हाथ सिर्फ तुम्हारी पूजा में उठे हैं
हमारी करुणा सिर्फ तुम्हारे भय के आश्रित रही है
तुम्हारे रंध्रों में सिर्फ और सिर्फ
या तो दूध व गंगाजल उतरता रहा है
या फिर तुम्हारे मिट्टी के बने पुतलों का खून

यह तो तुम भी नहीं चाहते होगे प्रभु !
कि हमारे हाथ उठें
या तो दया में या फिर करुणा में

कभी-कभी उन्हें
अपनी केहुनियों में भी उठना चाहिए।

तीन

प्रभु ! तुम्हें भी तो इस धकापेल से बेचैनी होती होगी
श्वाँस-भर की जगह तुम्हें भी तो चाहिए होगी

पैर रखने भर का एकांत पाने को
तुम्हारा भी तो जी मचलता होगा

तुम भी तो चाहते ही होगे उठना
थोड़ी दूर तक चलना
थोड़ा पसीने से तरबतर होना

बाहर की हवाएँ तुम्हें भी तो रिझाती ही होगी
आसाढ़ के मेघ में कोई कालिदास
तुम्हें भी तो बुलाता ही होगा

मौसम कितना ही खराब हो
अपनी आँख से दुनिया को देखने को
जी तो मचलता ही होगा

फिर क्यों नहीं चले जाते किसी खंडहर में
या कि क्यों नहीं तुम बना लेते
अपने लिए एक नया कैलाश
ताकि हम भी
हम भी प्रभु ! थोड़ा मुक्त हो लेते
सड़े हाथों में धँसी हुई लाठियों से।

चार

सब सजग हैं
वर्दीधारी सिपाही से लेकर
बन्दूकधारी माफिया तक
सब एक-दूसरे की काँख को टटोल रहे हैं
और तुम हो कि सिर्फ चुप हो

वह ज्ञानबापी हो या फिर मथुरा
अयोध्या हो या फिर अहमदाबाद
सब जगह यही हालात है प्रभु !

कि आँखें तो तुम्हारी ओर रहती हैं
निगाहें कहीं और
दिल तो तुम्हारी ओर रहता है
धड़कन कहीं और

ऐसे में
बताते क्यों नहीं
क्यों नहीं बताते
तुम सिर्फ पत्थर नहीं हो
तुम भी एक इंसान हो
तुम्हें भी चाहिए थोड़ा आराम
थोड़ी मस्ती थोड़ी आजादी।

पाँच

आखिर बन्द कमरे की कसरत कब तक चलती रहेगी
कब तक चलती रहेगी प्रभु !
पलथी मारे यह साधना

आखिर साधना और पलथी के बीच कुछ तो संबंध होगा
कुछ तो साँसें रुकती होंगी
पलथी और झुनझुनी के बीच

इसके पहले कि झुनझुनी इतनी पकड़ ले
कि तुम ठीक से उठ भी न सको
तनिक खड़े हो जाओ प्रभु !
हमारी झुकी हुई पलकों की हिफ़ाजत में नहीं
उनकी तनी हुई भौंहों की चिन्ता में।

खोपड़ी

कलम उठाया लिख-लिख डाला
कुछ शब्दों की ताकत-वाकत
कुछ करते थे हरकत-वरकत
कुछ ने आकर बीन बजाया

कुछ ने की थी हलचल-वलचल
कुछ कीं थी यह मारा-मारी
कहीं-कहीं पर कुछ का झगड़ा
कुछ ने आकर खुद को रगड़ा

तभी कहीं कुछ धुआँ उठा
कुछ सपने जल उठे तमककर
कुछ की याद बनी थी अब भी
कुछ खो गए
आकर तब तक

वहीं कहीं से उठापटक कर
कूदा एक सरकस का बच्चा
पूछा उसने करते क्या हो
खाते क्या हो कच्चा-पक्का

शब्दों ने फिर चुहल बजाई
काँख-काँख कर बोला भाई
हम तो बेगारी की बरकत हैं !

वह देखो वह अलग चमकता
जो है, वह है, वह ही है
फिर-फिर फिर-फिर शोर मचाता।

एक सुबह की उदासी

यह एक अजीब बात थी कि एक दिन बिलकुल सुबह
जब चाय बनाने को चला
तो चाय की पत्ती नदारद थी

यह एक सूखे की शाम थी
और बाजार में बड़ी गहरी उमस थी

चाय की पत्ती कहाँ से आए
यह सवाल मेरे सामने एक कठिन सवाल था
और यह जानते हुए भी कि अपनी मकान मालकिन किरन जी से चाय
माँगी जा सकती है।

मैं माँग नहीं सका।

मैं सोच ही रहा था कि इस मुश्किल समस्या का उत्तर क्या है
पत्नी से कहा था कि चाय की पत्ती खतम है
सोच रहा हूँ नीचे से माँग लूँ
यदि उनके यहाँ भी नहीं होगी
तो पड़ोस के कैलाश जी से माँग लूँ

यह सुनते ही वे बिफर पड़ीं

तुम कैसे मर्द हो जी
जब देखो जहाँ कुछ माँगते रहते हो
पिछले मकान में थे तो यही काम सुधा जी से करते थे

कभी-कभार पांडेय जी, सिंह साहब, यादव जी से भी, माँग लेते थे

तुम्हारी अक्ल कभी ठिकाने ही नहीं रहती
दिन-भर तुम लफंगों के यहाँ घूमते रहते हो
उम्र का ख्याल भी नहीं करते
बूढ़ों के यहाँ आया-जाया करते हो

यह ख्याल भी नहीं करते कि भोजन का क्या वक्त है
बच्चे कितना इंतजार करते हैं
तुम्हारी अनुपस्थिति में भर दिन कितना डर लगता है

घर के प्रति तुम इतने लापरवाह हो
यदि यह जानती तो शादी ही नहीं करती
और यदि तनिक भी पता होता कि तुम कुछ लिखते-पढ़ते भी हो
तब तो कदापि ही नहीं

मैंने बहुत मनाने की कोशिश की
कि चाय, चीनी और हल्दी सदियों से गायब होती रही हैं
पुर्तगाली, डच और अंग्रेज इसी चाय की तलाश में भारत आए थे
इसी तरह अचानक
चाहो तो अपने पिताजी से पूछ लो
नहीं कहो तो अपने ही पिताजी से बात करा दूँ

यह कहकर मैंने जैसे ही पिताजी को फोन लगाया
वे बिफर पड़े
कैसे शहर में रहते हो जी
पड़ोसी से चाय भी नहीं माँग सकते

मुझसे कहो तो मैं अपने यहाँ से अपने पड़ोसी को भेज दूँ
यहाँ तो रोज ब रोज कुछ न कुछ घटता ही रहता है
और जो घटता है पड़ोसी के यहाँ मिल ही जाता है

माँगना यूँ भी विश्वास को जमाए रखना है।

मैं पिताजी को अपनी समस्या बता ही रहा था
यह कहने की कोशिश कर ही रहा था
कि यहाँ किसी के यहाँ अब कुछ भी नहीं मिलता
सब कुछ सब जगह से गायब हो चुका है
कुछ भी माँगना उचक्कों की जमात में शामिल होना है

कि तभी बिजली गुल थी
और यह देखकर प्रसन्न था
कि भगोने का पानी जल चुका था।

मैत्री में मोर

(हिन्दी विभाग, का.हि.वि.वि. के पुरखों के निमित्त)

विभाग की दीवार को फलाँगता
मोर जब उसके मुँड़ेर पर बैठा
तब हम कुछ मित्र
जिसमें बहुतों में आशीष, विनोद व रामाज्ञा भी थे
मैत्री जलपान गृह में बैठे
एक तरफ़ चाय की चुसकियाँ ले रहे थे
दूसरी तरफ मोर को निहार रहे थे

मोर था कि सीढ़ी-दर-सीढ़ी हमारे सपने की तरह उछल रहा था
एक-एक कर वह हमारी नज़र से ऊपर उठता जा रहा था
और थोड़ी ही देर में स्थिति यह थी
कि वह छत पर था
और हम सभी जन
अपनी तनी गरदन के साथ
उसके पीछे हो लिये थे
जैसे हम मोर थे

मोर एक राष्ट्रीय पक्षी है
यह करीब-करीब कौतूहल से बात उठी
फिर बात इस बात पर आ गई
कि इसमें राष्ट्रीयता कहाँ पर है
और स्थिति यह थी कि इस बात को आगे बढ़ते
इतना वक्त बीत गया
कि बात इस बात पर टिक गई

कि इस राष्ट्रीयता का रंग
आखिरकार नीला क्यों है !
कुछ मित्र इस नीले रंग की व्याख्या काशी की परम्परा से कर रहे थे
तो कुछ हिन्दी विभाग की परम्परा से
कुछ का कहना था कि नीला रंग हमारी अस्मिता का प्रतीक है
कुछ इस बात पर अड़े थे हर महान चीजों का रंग नीला होता है
मसलन यह कि कृष्ण नीले थे
राम नीले थे
बुद्ध और गांधी तो थे ही

कुछ के पास तो यहाँ तक तर्क था
कि स्वयं काशी का रंग नीला है
गंगा व गणेश का तो यूँ ही नीला है

धीरे-धीरे मोर हमारी बहस से गायब होता गया
और एक दिन अचानक जब हम वहीं चार जन
विभाग के अन्दर घुसे
तो वही मोर विभाग की कुर्सी पर औंधा पड़ा था
अपनी सम्पूर्ण परम्परा को अपने डैनों में समेटे

यह जून '06 के आखिरी दिनों का आखिरी वक्त था
जो हमारी आखिरी नजर से आखिरी बार गुजरा था
जिसमें कुर्सी की आखिरी बेचैनी थी
और विभाग से सटा आखिरी पेड़
अपने सभी आखिरी सन्तापों के साथ आखिरी बार फड़फड़ा रहा था !

भुतहिया टाँड़

पहली बार जब मैंने इस शहर में प्रवेश किया था
तब इसी भुतहिया टाँड़ ने मेरा स्वागत किया था

बस थी कि तेजी से भाग रही थी
मैं परिचित शहर से लगातार एक अपरिचित शहर की ओर भाग रहा था
और कुछ-कुछ परिचय की बेचैनी से परेशान
हर चेहरे को निहार रहा था
कि अचानक बस रुकी
और पता चला कि यह भुतहिया टाँड़ है
गाजीपुर का प्रवेश द्वार

इस दो घंटे की यात्रा में मुझे पहली बार मिला इतना परिचित शब्द
कुछ कुछ डोहरी के मोड़ जैसा
जहाँ से अक्सर ही गुजरना होता था

यह अपने गाँव बरवाँ का अनिवार्य प्रवेश द्वार था
जहाँ गोधूली के साथ ही छा जाता था सन्नाटा
और सरसराती नीम की पत्तियों के बीच
अक्सर ही किसी के उछलने-कूदने की आवाज आती थी।

यह उन दिनों की बात है जब भूत किस्सों में नहीं
जीवन में भी दिखते थे
कोई नदी के किनारे
तो कोई आम के घने बगीचों के बीच

कभी-कभी वह उछल कर सड़क के बीचोबीच आ जाता
कभी वह चुपचाप बैठ जाता साईकिल के पीछे
कभी-कभी यह भी होता कि वह एक लावारिश बच्चे की पुकार बनकर चीखता

हमें घर से अक्सर ही हिदायत दी जाती
कि दिन ढलने के पहले ही गुजरना होगा मोड़ से
और यदि खुदा न ख्वास्तः कभी देर हो ही गई
यात्रा में हनुमान चालिसा का पाठ न भूलना

हनुमान चालिसा उन दिनों हर आदमी की जुबान पर होता था।

आज जब वर्षों बाद इस भुतहिया टाँड़ से मिलना हुआ
तो लगा कि कुछ भी अपरिचित नहीं है
बरवाँ व गाजीपुर के बीच
हर शहर के पहले होते है कुछ टाँड़
जिन्हें समझना वहाँ से परिचित होना है

इस समझ में पहला व्यक्ति जो मिला
वह बुजुर्ग था जिसके कई बच्चे हैजे का शिकार हो गए थे
उसने बताया कि यहाँ आम के घने बगीचे थे
इतने घने कि मियाँ गाजी को भी इसके पार जाने की हिम्मत नहीं हुई
और वह यहीं से चुपचाप लौट गया था

उसने यह भी बताया कि एक-एक कर कटते गए सभी पेड़
और भूतों ने अपनी जगह बदलनी शुरू कर दी

उसने इशारे से दिखाया एक घर
और कहा कि वह जो खिड़की पर लगा है दरवाजा
उसकी चौखट में अब बसते भूत

साथ ही उसने यह भी बताया कि जनाब आप भी
जब कभी बसेंगे किसी शहर में

तो अपने साथ रखेंगे इसी तरह के चौखट व दरवाजे
और खुदा न ख्वास्तः बस ही गए इस शहर में
तो लिखेंगे एक कविता
भुतहिया टाँड़ पर

उसने अंतिम रूप से यह अनुरोध भी किया
यूँ तो सियासत में इसे कहने लगे है 'प्रकाश नगर'
लेकिन आप कभी मत कहिएगा ऐसा

यह इस शहर की आखिरी निशानी है
जिसे मैं आपको सौंप रहा हूँ

वह इस शहर का अंतिम भूत था
जो नितप्रति घनी होती जा रही इन बस्तियों में
चीखता-चिल्लाता रहता है।

पोतना

कच्चे घर के पीछे एक पोतने की उपस्थिति
उसके सही-सलामत होने की निशानी है
जबकि आज के घर में वायपर का प्रवेश
घर में कितने ही वायरस का प्रवेश है

कभी का पोतना
जिसे बहुत सहेज कर रखा गया था
आँगन के एक कोने में
विलुप्त होती प्रजातियों में सबसे जोरदार प्रजाति है

यह कब बना वायपर
कोई नहीं जानता

कब उग आए इसके हाथ-पैर
कोई कह नहीं सकता

लेकिन धीरे-धीरे अर्श से लेकर फर्श तक का सफर
किया इसने पूरा
धीरे-धीरे चिकने फर्श से गायब होने लगे बूढ़े
धीरे-धीरे घर की चहल-पहल भी जाती रही
चमक रहने के बावजूद
चहक का नहीं था कुछ अता-पता

एक दिन अचानक जब
किसी संगमरमरी फर्श से फिसले बूढ़े की तरह

उखड़ ही गए इसके हाथ-पाँव
तब बहुत याद आई पोतने की

लोगों ने पुचकारा उसे
नहला-धुलाकर उठाया गया उसको
लेकिन पोतना तो पोतना ही था
उसने उठने से मना कर दिया।

अफीमची

(गाजीपुर की अफीम फैक्टरी के नसेड़ी बन्दरों को देखकर)

वे अफीमची हैं
दुनिया की सबसे बड़ी फैक्टरी के सबसे छोटे उत्पाद !

उनके पास भी सपने हैं
उनकी अपनी तराजू भी है
लेकिन उनके पास ताकत नहीं है

वे इस शहर के बीचोबीच
अपनी ठहरी हुई सुर्ख आँखों से
लोगों को निहारते रहते हैं

उनका अपना इतिहास इतिहास के बाहर है
उनका अपना भूगोल भूगोल से अलग है
उनका अपना जीवन जीवन से दूर है

उन्होंने जितनी बार जीवन में आने की कोशिश की है
उन्हें मौन कर दिया गया है
वे इस दुनिया के पूर्वज हैं
जो ऊपर से बन्दर दिखते हैं नीचे से आदमी
अपनी ताकत से वे
जार्ज बुश से लेकर बाजपेयी तक को हिला सकते हैं
ऊसर से गुलाब दिखा सकते हैं
और रेत में पानी

वे अपनी दुनिया के बादशाह हैं
जिनकी आँखों में एक बूँद पानी भी नहीं है
हालाँकि अपनी नजरों से वे समुद्र थाह सकते हैं

वे अफीमची हैं
इस सचल दुनिया के एक मात्र अचल प्राणी !

खिचड़ी नाच

अब की बार जब मकर की संक्रांति लगी
रज्जो बुआ की खिचड़ी की आस धरी की धरी रह गई

अभी पिछले ही साल गुजरे थे रज्जो के पिता
रज्जो ने डटकर किया था क्रियाकर्म
भाई का तनिक भी जोहा नहीं मुँह
पंडित व महापातर लौटे थे स्वतंत्र

भाई को किया था आश्वस्त
उसके रहते चिन्ता की कोई बात नहीं
नहीं रहे पिता व माँ तो क्या
वह तो है
भला खोरी की मिट्टी कभी साथ छोड़ती है

बुआ ने भाई को दिलाई थी बहुत-बहुत याद
कहा था कि राखी के बंधन से लेकर पिंड़िया के व्रत तक
कभी कोई नहीं रहता
भाई व बहन के बीच

दुआ माँगी थी कभी न लगे इस पर संक्राति
नजर जो भी लगे
गिर पड़े धड़ाम

लेकिन बहुत दिन बाद आज जब
दिन के चढ़ने के साथ ही पहुँचा एक आदमी

मिठाई का कुछ पैकेट लिए
बुआ हो गई उदास
कूटने लगी चिउरा
भर दिन लगी नाचने

यह बुआ का खिचड़ी नाच था
बुआ कूट रही चिउरा
बुआ के लिए भाई की इज्जत
देश की इज्जत से ज्यादा प्यारी थी।

अक्कड़-बक्कड़

मैं प्रायः ऊबता हूँ और जब ऊबता हूँ
तब बच्चे के साथ खेलता हूँ यही खेल

यह वह खेल है
जिसे मेरी माँ ने मुझसे खेला था
और उसकी माँ ने उससे

किसी ने कभी नहीं जानना चाहा इसका अर्थ
यद्यपि यह सभी जानते रहे कि यह एक अर्थहीन संज्ञा है
जिसमें जीवन की अर्थपूर्ण क्रियाएँ हैं

खुद मैं कभी नहीं जाना इसका अर्थ
अर्थ समस्या यूँ भी नहीं रहा
जबकि एक सवाल तो उठना ही चाहिए था
कि कैसे अस्सी, नब्बे, मिलकर पूरे सौ हो जाते हैं

बात जो भी हो
पर एक दिन मेरे बच्चे ने ठान ही लिया
जिद ही कर डाली जानने को इसका अर्थ
जो मेरे लिए आज भी था उतना ही व्यर्थ

मैंने कई बार फुसलाने की कोशिश की
अक्कड़-बक्कड़ से अतिया-पतिया तक लगाता रहा छलाँग
तिलकाटे तिरकुल काटे की लगाता रहा गुहार
लेकिन सब की सब

व्यर्थ रही मनुहार

अब अपने बच्चे को कैसे बतलाते
कि उसके जन्म के बहुत पहले
कुछ पुराने बरतनों के बदलने की प्रक्रिया में
बाजार में चला गया था यह
जहाँ से उसकी माँ ने बहुत चुपके से
अपनी माँ की तरह बचा कर रख लिया था

हो सके तो बचा लो इसे
जिसे आज मैं तुम्हें सौपता हूँ
इसलिए नहीं कि तुम इसे आगे ले जाओगे
बल्कि इसलिए कि तुम इसमें अपना पिछला जीवन देख सकोगे।

गाजर

जाड़ा आया उठी लहर
शीत मचलती हहर-हहर
सुर्ख रंग की आँखों में
गाजर बजने लगा मगर

जी गाजर है तो गाजर ही
फिर भी मचला जी, जी
रोज सबेरे ले आता मैं
रेता करती माँ जी, जी

आधा रेता आधा खाता
तेल जलाता छौंक लगाता
लगा भूनने उसको फिर-फिर
स्वाद मगर छलता ही जाता

भूना किया बहुत-बहुत फिर
चुपके से तब स्वाद लगा
दूध मिलाता स्वाद नापता
चीनी का भी भाग जगा

इतने में बोला वह गाजर
भाई मैं तो हलवा हूँ
रही बात यदि आदत की तो
कच्चा ही क्या अच्छा हूँ

पूरे हलवे का स्वाद बचाना
अब तो बस में रहा नहीं
कच्चे हलवे में स्वाद देखना
गाजर को खुद पचा नहीं

मुश्किल में मैं अब भी हूँ
गाजर लूँ या हलवा खाऊँ
भूनूँ उसको बार-बार
या फिर कच्चा ही खाऊँ।

इमरती

भिनभिनाती मक्खियाँ
मार जोर मारे जा रही हैं
निगाह है कि टस से मस नहीं होती

रातभर की सुस्ताती यह इमरती
परात-भर फैले चावल के शोरबे में
गरम-गरम तेल में पड़कर
लेती है आकृति

शाम का वक्त है
लोग हैं कि चिल्ल-पों मचा रहे हैं
सबको ज़ल्दबाजी है
कुछ तो ऐसे हैं कि कड़ाही से ही निकाल लेना चाहते हैं
गरम-नरम की उछल-कूद में

मैं वहीं खड़ा
लेता हूँ चुपचाप रस
समझने की कोशिश करता इसके छंद को
कि थोड़ी ही देर में उठता है हकलाता हुआ हलवाई

साला इतनी जल्दी क्या है इन सबको
सीझने भी नहीं देते बेचारी को।

ज़िक्र-ए-जोकहरा

सगड़ी तहसील का एक गाँव
रामानंद के सपनों की साकार विभूति
विकास के रास्ते पर अग्रसर
जोकहरा एक तीर्थ है
जहाँ घंटों के शब्द नहीं, शब्दों की घंटियाँ बजती हैं

इन्हीं शब्दों की जमीन में छिपे हैं सेतू यादव के अरमान
सुधीर के सपनों की महक
अंगद दास के बाटी व चोखे

लोग हैं कि बरबस खिंचे आते हैं
बोलते हैं बतियाते हैं
और पूर्वांचल की मिट्टी की आदिम महक लिये
लौटते हैं अपने-अपने डबरे को
जैसे लौटती है साँझ
दिन की ललाई को समेटे

यह एक बस्ती का रोजनामचा है
जहाँ लोग आते हैं
सिर नवाते हैं
और अपने लिए कुछ सुगंध बटोरते हैं

जब एक जोकहरा बनता है हमारे भीतर
एक नई सभ्यता का उदय होता है

यह जो कभी एक गाँव था
आज जब अँखुआता है अपनी नींद में
दिल्ली एवं प्रयाग की माटी डोलने लगती है।

जोकहरा एक जिद है
तो एक जिरह भी

एक वजूद है
तो एक विद्रोह भी

इसकी हवाओं में तैरती है खुशबू
इसके आकाश में उड़ती हैं ध्वनियाँ
और इसकी शिराओं में बहती हैं नदियाँ
जिसकी हर डुबकी के बाद
हर कोई लौटता है अपने भीतर लिए एक जोकहरा

जोकहरा जब नहीं लौटता हमारे भीतर
एक मुकम्मल सभ्यता पथराने लगती है।

लमही

(भाई जय प्रकाश धूमकेतु के लिए)

सूखे पत्तों के बीच हवा की ताजी महक के साथ
ताजी-ताजी बनी बासी रोटियों को खाते
जब दिखे अचानक काशीनाथ सिंह
आश्वस्त हुआ था कि लमही में अभी भी बहुत कुछ बचा है

तमाम शोर व सन्नाटे के बीच
वायदों, प्रतिवादों, झूठी चिन्ताओं के खंडहर से
जब चिंघाड़ रहे थे वक्तागण
लमही में प्रेमचन्द के स्मारक के बारे में
अकाल में लौट आईं दूबों की तरह
जब दिखे थे मित्र वाचस्पति
भारतीय लेखक' की प्रतियों को बाँटते
चुपचाप
आश्वस्त हुआ था कि लमही में अभी भी बहुत कुछ दिया जा सकता है।

सड़क से लमही तक की आने वाली पगडंडी पर
नई-नई बिछती ईंटों के बीच
उड़ रही थी धूल
बगल के खेत से उखाड़े जा रहे थे पौधे
देवीदीन चिल्ला-चिल्लाकर चिल्ला रहा था
कुछ नहीं हुआ लमही में
लमही का कुछ नहीं हुआ
तभी मित्र पराग व पंकज के साथ
जब रामलीला मैदान से सटे पोखरे में दिखी थी लाठी

आश्वस्त हुआ था कि लमही में अभी भी बहुत कुछ बचाया जा सकता है

मित्रो लमही को बचाने के लिए
लमही के मौसम को समझना होगा
समझना होगा बूढ़ी काकी को
घीसू व माधव को ही नहीं
जोखू, जियावन व बूढ़े भगत के साथ घासवाली को समझना होगा

यह भी समझना होगा कि क्यों एक सूरदास अभी भी हो रहा है अशांत
क्यों उठी हैं मूछें प्रेमचंद की लमही में
और क्यों एक धूमकेतु होता है बेचैन
इन मूछों की चिन्ता में।

(8 अक्टूबर 04 को लमही में प्रगतिशील लेखक संघ द्वारा आयोजित प्रेमचन्द की 125वीं वर्षगाँठ के आयोजन से लौटने पर)

चिन्ता

यह शब्द गिनने का नहीं
अर्थ भरने का समय था
और मैं बार-बार शब्दों को उछाल रहा था
जैसे एक किसान उछालता है हँसिया
घने होते सूखे के बीच

दरवाजे पर एक बहुत बूढ़ा
अपने असहाय होते शब्दों से पुकार रहा था
जैसे ठूँठ होते धान के खेतों में
पुकारता है कोई चावल
झरने के पहले

अभी-अभी आकाश में एक पक्षी
बहुत उँचाई से छूटे अपने बच्चे की मूँड़ी
पकड़ने को दौड़ रहा था

पेड़ नदी झरने
सभी अपनी गति में छूट गई ध्वनियों को पकड़ने को दौड़ रहे थे

सहमा-सहमा मैं
मेज पर उछलते सिक्कों के बीच
रख आया था कुछ शब्द

वास्तव में यह अर्थ की क्रियाओं में होने का समय था
और मैं शब्दों की संज्ञाओं में भहराया हुआ था।

पल्लेदार

अपर्णा कौर की एक पेंटिंग की तरह
पीठ पर लादे कुछ असाधारण बोझ को
चले जाते हैं वे
कल की दुनिया में

उन्हें नफ़रत घृणा तिरस्कार से नहीं है परहेज
जवानी का जोश क्या होता है नहीं जानते वे
उनके घर में बच्चा उनका कितना बीमार है
पत्नी उसकी इस बीमारी पर अपनी बीमारी कितना भूल चुकी है
इससे कुछ भी लेना-देना नहीं है उन्हें

चाँदनी उनके लिए महज एक फोड़ा है
जो रह-रहकर डभकता है
अपनी हर छुअन के साथ

रात से ही पुकारने लगते हैं चौराहे उन्हें
नींद में ही बजने लगती हैं खटर-पटर की आवाजें
और ट्रकों की घुरघुराती आवाजों के बीच
ठठरियों पर धूल की एक मोटी परत लिये
नीम अँधेरे में चल पड़ते हैं
अपनी ही जिन्दगी में एक बोझ की तरह

उन्हें बोझ के वजन से कुछ भी लेना-देना नहीं
चावल की जगह वहाँ हो सकता अफीम व चरस भी
गाजर-मूली की जगह वहाँ हो सकता है गाँजा और भाँग भी

इससे उन्हें कुछ भी मतलब नहीं

वे केवल समझते हैं भार है जो भी है
और अपने ही श्रम के पसीने से स्नात
इस चमकती दुनिया में एक आभार की तरह
चले जाते हैं खटते हुए

उनकी चिन्ता में बजते हैं शहर
उनकी गलियाँ
गलियों के बीच की गलियाँ

खुलेपन में रहते हुए भी
नफरत है उन्हें शहर के खुलेपन से
प्यार करते हैं वे उस जगह से
जो भरा होता हो ठसाठस
जिसमें ठुँकी गई हों अनेक गलियाँ

जब जब इन गलियों को चौड़ा करने की बात उठती है
आकार लेता है एक आन्दोलन
और अपनी ही स्थिति को बदलने के विरूद्ध
उठती है एक टीस

यह कल की नहीं
आज की टीस है।

बयान

बहुत-बहुत कोशिश की पहुँचने की
हर बार फिसलता गया हूँ
पहुँचने के पहले

समझता रहा पहुँचना
एक छलाँग ही है
मुश्किल यही रही कि भूल चुका था
छलाँगना

मिर्च व मरीच के टूटे हुए बीज की तरह
जीवन की सारी हुकुर-पुकुर के बीच
कभी नहीं किया असर
सीधे-सीधे

अदरक रूप में समझता रहा खुद को
दरक रहा हर बार अपनी समझ के साथ
धीरे-धीरे करता रहा असर
दुनिया जिसे समझती रही
अब बेअसर !

सब कुछ बदल गया
कद-काठी और और नई-नई लाठी के साथ
आ गए संग साथी

अब तो हमारे घर लौटने का वक्त है
लौटने के पहले
थोड़ा ठठा लेने में क्या हर्ज है।

धूमकच

वह बारात की बिदाई के बाद का दृश्य था
वह किसी अपरिचित परिणीता के आने का उच्छ्वास था
वह सदियों से मौन धारण किए स्त्री का उल्लास था

वहाँ धूमकच था
जी हाँ वहीं अपना प्यारा डोमकच
जिसमें एक तरफ बेटे की शादी के फेरे थे
तो दूसरी तरफ
टाँगों के बीच मूसल की आवाजाही थी

दुनिया में इससे सुन्दर स्वाँग कहीं नहीं था
इससे बेहतर नौटंकी सम्भव भी नहीं थी
और इससे सुन्दर जीवन की तलाश भी नहीं थी

यहाँ स्त्रियों की नींद में बजते सपने थे
प्रेम का हुलसता आवेग था

धरती पर पूरी तरह से फैल जाने को बेताब उनकी शिराएँ थीं

यहाँ हर कोई एक स्वतंत्र पात्र था
हर किसी के पास अपना राग था
हर कोई अपने लिए तमाशा बनने को बेताब था

कहीं विरही पिया की टीस थी
कहीं मायके की हुलस

कहीं पति से मिलन की आतुरता

यहाँ एक रात थी
जो सिर्फ रात नहीं थी

रात उनके लिए काजल जैसी सुहानी थी
जिसमें स्त्रियों ने पहली बार खुलकर
अपने पतियों का ठोर रगड़ा था।

गंगा दशहरा

आधियाँ थीं
तूफान थे
रोशनी थी
आग थी
हवा थी

पानी पर तैरते हुए गोले थे
लहरों के हिचकोलों के बीच और भी घनीभूत होते हुए

यह गंगा के जन्मदिन का उत्सव था
जिसमें तमाम पुरखों के वंशधर थे
जहाँ गंगा को आज ही अपने ही पानी में
दस हाथ बढ़ना था

ज्येष्ठ की दशमी का यह दशहरा
कार्तिक के दशहरे से एकदम अलग था
और अनोखा भी

यहाँ दुआएँ नहीं थीं
न कोई राम था
न कोई सीता
न क़ोई रावण

यहाँ सिर्फ गंगा थी
अपने बादल की प्रतीक्षा में

करवट लेती हुई

यहाँ से शुरू होना था हमारी संस्कृति में एक परिवर्तन
पत्तियों से पानी चुना शुरू होना था
और गंगा की सतह पर तैरते धुओं के बीच
किसी मजदूर के धुँधुवाते हाथों से
अपने ही मालिक का विसर्जन था।

घुघुरी

कठिन है मेरे बारे में कविता लिखना

जैसे कठिन है मेले में छूट गए स्वाद को पकड़ना
जैसे कठिन है बहाव में छूट गए आदमी की धड़कन को पकड़ना
जैसे कठिन है अंतड़ियों के बीच की ठठरी को समझना

मैं दुर्दम्य आदमी का दुर्दिन हूँ
यात्रा में छूट गए आदमी का पड़ाव हूँ
भाप बनकर उड़ रहे पानी का नमक हूँ

खड़े रहने दो अकेला मुझको
बाजार की भीड़ में
मत चखो मुझको

मैं कल्होरे जाते मनुष्य की आदिम महक हूँ
उसके जलते जाने से बचकर गिरा हुआ स्वेद हूँ

स्वाद अब बचा कहाँ मुझमें
आदमी स्वाद को डकार चुका है।

अलविदा गाज़ीपुर

पिछले वर्ष को जैसे इस वर्ष विदा किया
गाज़ीपुर को काशी से कुछ यूँ अलविदा किया

यह एक वर्षों पुरानी बात है
नौकरी की तलाश में निकला मैं
एक दिन अचानक इस शहर से टकराया था
और शहर अपनी नींद में अनकने लगा था

इस शहर में रहते हुए मैंने
शहर की तमाम क्रियाओं को ठीक से महसूस किया था
जिसमें एक का साक्षी तो मेरे महाविद्यालय के ठीक सामने का वह मकबरा है
जहाँ लार्ड कार्नवालिस की साँसों का आना-जाना
अभी भी महसूस किया जा सकता है

यह वह शहर है
जहाँ एक तरफ पवहारी बाबा का आश्रम है
तो दूसरी तरफ भुड़कुड़ा का मठ
और इन दोनों के बीच
गुलाबों का सूखता हुआ वह गुल्फ है
जिसकी गमक से प्रभावित होकर
कभी टैगोर इस नगर में पधारे थे

यहाँ बसंत के ठूँठ पर बैठी
मेरी नसों में फड़फड़ाहट होती थी
और उदासी के तमाम स्फुरण के बीच

जीवन के संगीत मचलते थे

यहीं पर मैंने पहली बार
दीपक की लौ में दिपदिपाते
छठ की औरतों को देखा था
और देखा था उन सपनों को भी
जो भोजपुर के इस छोटे से अंचल से उठकर
समूची पृथ्वी को आच्छादित कर रहे थे

यह एक ऐसा शहर है
जहाँ मुझे कुछ फूल मिले थे
कुछ फिकरे

यह अपनी आसपास की हलचलों से बेखबर
जितना जल्दी तमतमाता है
उतना ही जल्दी तृप्त भी होता है

इस शहर में गोलियों की गरमाहट के बीच
कविता-कहानी पर फिर भी चर्चा होती है
और शहर के तमाम 'जै श्रीराम' के बीच
'लाल सलाम' तब भी दागा जाता है

यहाँ के लोग हर आनेवाले का
बहुत धधाकर स्वागत करते हैं
और हर जाने वाले को
उतनी ही तेजी से भूल जाते हैं

यहाँ सिर्फ जन्म के उत्सव होते हैं
मृत्यु तो इसने काशी के लिए छोड़ रखी है

यहाँ एक तरफ 'आधागाँव' हैं
तो दूसरी तरफ 'सोनामाटी'

और इन दोनों के बीच
करइल का वह क्षेत्र है
जहाँ की मिट्टी कुछ इतनी ज़रखेज़ है
कि हर आदमी एक संभावना है

इस शहर से मैं बहुत धीरे-धीरे गया हूँ
जैसे धीरे-धीरे जाता है माँ का दूध
धीरे-धीरे जाती है ललाई
धीरे धीरे जाती है स्मृति

यह जो धीरे-धीरे जाना है
शहर को धीरे-धीरे पाना है
और मुड़-मुड़ के देखना है

आज जब शहर को अंतिम बार मुड़ कर देखता हूँ
यह ऊपर से धुँधुआता दिखा था
और नीचे से अँकुआता !

यहाँ चूल्हे में सन्नाटा था
और चक्की में हलचल !

अब यह एक विचित्र बात थी
कि बाजार से सब्ज़ी गायब थी
बच्चे दूध व चावल को तरस रहे थे
और शहर में अपनी तरह की शांति थी

मैं इस शहर की समूची शांति के साथ
शहर को अलविदा कहता हुआ आज
भरा महसूस करता हूँ
और भारी भी !

हकलाहट

मैं आजकल बहुत अनकने लगा हूँ
हँसी और रुलाई दोनों से दूर
बहुत चिल्लाने लगा हूँ

कहीं कुछ जलता है
तो मैं चिल्लाता हूँ

कहीं कुछ टूटता है
तो भी चिल्लाता हूँ

अपने चिल्लाने में मैं अपने आप से भाग रहा होता हूँ
उस गाय के पीछे जो अभी मन्दिर में दाखिल हुई है
या कि उस सूअर के पीछे जिसने बचने के लिए
किसी मस्जिद की शरण ली है

हर होने देने वाले को नहीं होने देना चाहता
जो हो रहा होता है उसे रोक नहीं पाता

जिन्दगी जैसी भी है उसे यूँ ही छोड़ दिया जाय
यह हो नहीं पाता

वास्तव में यह किसी बूढ़े का बड़बड़ाना नहीं है
एक युवक की हकलाहट है।

ऐ बादल

उतरो उतरो ऐ बादल
जैसे उतरता है माँ के सीने में दूध
बच्चे के ठुनकने के साथ

हवाओं में सुगन्ध बिखेरो
पत्तों को हरियाली दो
धरती को भारीपन
कविता को गीत दो

ऐ आषाढ के बादल !
बीज को वृक्ष दो
वृक्षों को फूल दो
फूल को फल दो

बहुत उमस है
मेढ़क को स्वर दो
पखियारी को उड़ान दो
जुगनू को अँधेरा !

जल्दी करो मेरे यार
भूने जाते चने की तरह
फट रहे किसानों को
अपनी चमक से
थोड़ी गमक दो
और थोड़ा नमक भी।

चोपी

जितनी मजबूत चोपी
उतना ही मीठा आम

आम के भीतर का कच्चा रस
जहाँ चिपक जाये
छिलका उतार ले

अपने स्पर्श से
खोल दे सैकड़ों गवाक्ष

अपनी ठेंपी में यह बूढ़े होते बगीचे की आबरू है

जब तक बची रहती है यह
बचा रहता है बहुत कुछ

मसलन यही कि
अभी तो मैं जवान हूँ !

नाम पट्टिका

एक सुन्दर घर जब बनकर तैयार हुआ
तब सबसे पहले जिस बात को लेकर बहस हुई
वह दरवाजे की नाम पट्टिका थी

सबसे पहले इस बात पर बहस हुई
कि इसे किस धातु का होना चाहिए

कुछ ने कहा कि इसे संगमरमर का होना चाहिए
जिस पर सुनहरी लिखावट होनी चाहिए

कुछ ने कहा कि इसे सफेद प्लास्टिक का होना चाहिए
जिस पर काली स्याही से नाम लिखा हो
और जो दूधिया रंग की रोशनी में चमकता हो

कुछ का कहना था कि यह बहस का विषय होना ही नहीं चाहिए
श्याम वर्ण की प्लाई पर सफेद रंग से भी
लिखा जा सकता है नाम

यह बहस चल ही रही थी
कि अचानक इस पर भी बहस शुरू हो गई
कि नाम क्या होना चाहिए

अमृत विला, अमृत सदन, अमृत कुंज...

कुछ का कहना था कि विला कुछ-कुछ विलायती लगता है

सदन कुछ-कुछ वैधानिक
और कुंज कुछ-कुछ साहित्यिक

यह बहस चली ही रही थी कि बात आ गई सबसे पहले किसका नाम
पति का कहना था सबसे पहले उनका नाम होना चाहिए
मुहल्ले में उन्हीं को जाना जाता है

पत्नी का कहना था कि उनके नाम का कोई विकल्प ही नहीं है
सदियों से भारतीय संस्कृति में सुरक्षित है
पहले उनका नाम

यह बहस चल ही रही थी कि अचानक कहीं से
कूदता-फाँदता एक बच्चा आया
और बहस को विराम देते कहा
कि यहाँ सिर्फ उसका नाम होना चाहिए

पूरे मुहल्ले में आप दोनों अब
मेरे ही नाम से जाने जाते हैं।

रामफेर

इस अकेले घर में
जहाँ चारों तरफ ऐश्वर्य का दबदबा था
सब तरह की सुरक्षा थी
रामफेर को नींद नहीं आ रही थी

रामफेर !
हाँ रामफ़ेर ही एक दिन गाँव से चलकर अपने बच्चों से मिलने
काशी आए थे
सोचा था काशी करवट के पहले
काशी का ढाँचा तो देख लिया जाए
देख लिया जाए घाटों पर उठती मंगला आरती के बीच
महाश्मशान की लपटों में कितनी आर्द्रता है
कितनी गहराई है बालू पर लेटी हुई गंगा की

और तो और
रामफेर का यह भी मन हुआ
कि कितने लोगों में कितनी बार फिसलता है चन्द्रमा
भोले के जटाजूट से खुलकर !

लेकिन इन सब स्थितियों के बीच
यह एक अजीब मुश्किल थी
कि रामफेर के चारों तरफ एक शान्ति के बावजूद
रामफेर को नींद नहीं आ रही थी।

बच्चे उनसे बार-बार पूछ रहे थे
कहीं कोई मच्छर तो नहीं है

कहीं कोई भूख तो नहीं लगी है
कहीं किसी सुर्त्ती की तलब तो नहीं है

और हर बार रामफेर का जवाब नकारात्मक ही रहता

एक दिन जब बच्चों ने थोड़ा जोर से कहा
या कि कहना चाहा
कि कहीं कोई शोर भी तो नहीं है
तब रामफेर से रहा नहीं गया
अरे बेटा वही तो नहीं हो रहा है
यह कहते हुए रामफेर झटके से उठे
और गाँव की तरफ चल दिए

आज रामफेर बहुत प्रसन्न थे

प्रसन्न रामफेर अपने जीवन में लौट रहे थे
एक सन्नाटे को चीतरे हुए।

अथ काशी प्रवेश

धूल व धूएँ के बीच
लपकों व गपकों से अटे पड़े
अभिजात गरीबों के इस पुरातन शहर में
मेरा प्रवेश
ग़ालिब के काबा-ए-काशी जैसा नहीं हुआ
बल्कि होल्कर हाउस के ठीक सामने लगे इमली के स्वाद जैसा हुआ

यह वही इमली का पेड़ है
जहाँ सदियों से कई 'देवदत्तों' का वास है
जिसकी तरफ 'होल्कर हाउस' की सीढ़ियाँ चढ़ते
मित्र वाचस्पति ने चुपके से बताया था
और जैसे ही कहा था कि कुछ को तो काशीनाथ जी ने
अपने संस्मरणों में कैद किया है
शहर की तमाम दाढ़ियों में जूओं के रेंगने की आवाज़ आई थी

इस शहर से मैं कई बार गुजरा हूँ
कभी ओस की तरह
तो कभी दूब की तरह

कभी शिशिर की तरह
तो कभी बसंत की तरह

जब कभी गाजीपुर की गंगा में लहरें उठी हैं
या कि वहाँ की स्त्रियों ने गुनगुनाए हैं छठ के गीत
इस शहर के तट पर न जाने कितनी बार
गंगा की लहरों में उतरती आरती की तरह

देखा है अपने चेहरे को चुनचुनाते

इस शहर में ठीक मणि कर्णिका की लहरों के बीच
इसी बीस सितम्बर को
अपनी माँ को रख आया था चुपचाप
और वहाँ से लौटते वक्त
उसकी अंतिम एक मुट्ठी देह को सँभालता
मैंने जाना कि मैं
एक बार फिर जना गया हूँ।

मैं जब कभी यहाँ से गुजरा हूँ
मैंने हमेशा महसूस किया है
कि राँड़ों, साँड़ों व सीढ़ियों के इस सारस्वत प्रदेश में
डाड़ों की कोई भूमिका नहीं है
जबकि पूरे शहर को अपने ही कंधों पर उठाए
ये धाँगड़ लोग
पंडों व पुरोहितों से दिपदिपाते इस शहर को
धार देते हैं और धाह भी !

यह एक अजीब शहर है जिसका कोई समय नहीं है
जिसे कहीं भी पहुँचने की कोई जल्दबाजी नहीं है
जहाँ रात रात नहीं होती
दिन दिन नहीं होता

यहाँ जो भी होता है
या तो ठेके पर होता है
या फिर ठेले पर।

यहाँ हर आदमी
एक तरफ अपने कंधे पर अपनी चिता को उठाए
मस्ती से टहल रहा होता है
तो दूसरी तरफ
अपनी जाँघों में अपने हुस्न को दबाए

अपने मरकज़ की तरफ माइले परवाज़ रहता है*

यह वह शहर है
जो जहाँ पर खड़ा है
वहीं पर पड़ा है
घोड़े की तरह अड़ा है

यदि आपको विश्वास न हो तो
गोदौलिया से रेंगते-रेंगते
लंका तक चले आइए
और इन दोनों को मिलाने वाली अस्सी को
ज़रा ठहरकर ठकठकाइये

वहाँ ठीक पप्पू चाय की दूकान पर
भनभनाती हुई
एक ऐसी आवाज़ मिलेगी
जो स्पांडिलाइटिस की तरह
शहर के पूरे खिंचाव को महसूस करती
अपनी जीभ से
पूरे शहर को सहलाती रहती है।

यह गया सिंह की आवाज़ है
जो काशी के अस्सी परिक्षेत्र में
अपने ही दाँतों में उलझकर
किटकिटा रही है

मेरे लिए यह काशी प्रवेश
लपरी गंगा से झपरी गंगा में प्रवेश जैसा है
जहाँ पालों व नावों के बीच
दुनिया रोज़ बदल जाती है।

---

* इस पंक्ति के लिए शायर अजीज के इस शेर का कृतज्ञ हूँ–
अपने मरकज की तरफ माइले परवाज़ था हुस्न
भूलता नहीं आलम तुम्हारी अँगड़ाई का

घुरफेकन लोहार

अपने कंधे पर टँगारी को लादे जाता घुरफेकन लोहार
हमारे लोकतन्त्र का सबसे महत्त्वपूर्ण नागरिक है
जब वह चलता है
हमारे लोकतन्त्र का सबसे सजग पात्र चल रहा होता है
जिसकी टाँगों व टंगों में अदभुत लोच है।

उसकी टँगारी से आती आवाज
हमारे लोकतन्त्र से आती आखिरी आवाज है
जिसे सिर्फ वह जानता है

कितनी रातों से लादा है इसने इस टँगारी को
कितनी शामें गुजारी हैं इसके नीचे
कितने जंगल में कितनी बार
इसने बसाई हैं बस्तियाँ
यह और सिर्फ यह घुरफेकन जानता है

यह खटिया के चूर का हिस्सा है
घर की थूनी व थम्भा है
लगातार खुलते व बन्द होते दरवाजे का चौकठ है

जब कभी इस चौकठ में घुन लगता है
घुरफेकन हो जाता है उदास
टँगारी से उठती है एक आवाज

यह लोहे की नहीं
हड्डी की आवाज है।

अर्घ्य

चाँद निकल आया
यही तो कहा था
उस रात
जब माघ की चौथ को तुम अर्घ्य दे रही थी

तुम्हारे लिए चाँद का यह निकलना
पुतलियों में फँसी हवा का निकलना था
जहाँ रोशनी थी
हरियाली थी
और एक ऐसी आर्द्रता थी
जो तुम्हारे प्रेम से भारी थी
और भरी हुई

निकला हुआ चाँद
गाजीपुर की चाँदनी से
मुझे बेपर्दा कर रहा था
और मैं बनारस की बरसात में भींग रहा था

चाँद आज हमारे लिए
उस चकवा की तरह है
जहाँ सिर्फ रात है

मुझे इस चन्द्रमा के गुजर जाने का इन्तजार होगा
तुमसे व सिर्फ तुमसे
मिलने के लिए।

नज़र

(पत्नी सुनीता के लिए)

पिछली बार जब हम मिले थे
ठीक इसी जगह
इसी तरह
हम एक-दूसरे को टटोल रहे थे

हमारी आँखों में एक सूर्य था
उसमें एक गहरी चमक थी
लेकिन पलकों के गिरने पर हमें भरोसा नहीं था

हम एक-दूसरे के सागर में उतरने की कोशिश कर रहे थे
लेकिन अनायास ही एक ठसक थी हममें
जो हमें भीगने नहीं देती थी

हम हथेलियों पर फूल खिलाते थे
अपने-अपने सागर में छपाक-छपाक करते थे
और यह बताते हुए कि अपनी रिक्तताओं में भी
एक आकर्षक शून्य था
अपने बीते कल में अकसर ही फलाँगते थे
लेकिन हमें भविष्य पर भरोसा नहीं था

आज वर्षों बाद जब पुनः मिल रहे हैं इसी जगह
हम खुश हैं कि हमने एक-दूसरे को जाना है
एक-दूसरे को समझा है
ठीक उस नज़र की तरह
जो अपनी पुतली को समझती है।

●●●